VENUS

Supercaliente

por Dawn Bluemel Oldfield

Consultora: Dra. Karly M. Pitman
Instituto de Ciencia Planetaria
Tucson, Arizona

BEARPORT
PUBLISHING

New York, New York

Créditos
Cubierta, © NASA; TOC, © NASA; 5, © Carlos Clarivan/SPL; 6–7, © Wikipedia & NASA;
8, © NASA; 9, © NASA/JPL; 10–11, © NASA/JPL; 12, © NASA; 13, © 2007 MPS/DLR–PF/
IDA; 14–15, © ESA; 16, © NASA; 17, © NASA/JPL; 18–19, © ESA, Medialab/SPL;
20–21, © Astrobobo/iStock; 23TL, © ESA; 23TM, © Ivan Tykhyi/Thinkstock; 23TR, © NASA/
Wikipedia; 23BL, © ESA, Medialab/SPL; 23BM, © iStock/Thinkstock; 23BR, © iStock/
Thinkstock.

Editor: Kenn Goin
Editora principal: Jessica Rudolph
Director creativo: Spencer Brinker
Diseñadora: Debrah Kaiser
Editora de fotografía: Michael Win
Editora de español: Queta Fernandez

Library of Congress Cataloging-in-Publication Data

Bluemel Oldfield, Dawn, author.
  [Venus. Spanish]
 Venus : supercaliente / por Dawn Bluemel Oldfield ; consultora: Dra. Karly M. Pitman, Instituto de
Ciencia Planetaria, Tucson, Arizona.
     pages cm. — (Fuera de este mundo)
 Includes bibliographical references and index.
 ISBN 978-1-62724-599-9 (library binding) — ISBN 1-62724-599-5 (library binding)
 1. Venus (Planet)—Juvenile literature. I. Title.
 QB621.B5818 2015
 523.42—dc23
                                    2014043767

Para más información, escriba a Bearport Publishing Company, Inc., 45 West 21st Street, Suite 3B,
New York, New York 10010. Impreso en los Estados Unidos de América.

10 9 8 7 6 5 4 3 2 1

CONTENIDO

¿Cuál es el planeta más caliente?

¡VENUS!

La temperatura en Venus es aproximadamente de 864°F (462°C).

Venus es parte del sistema solar de la Tierra.

JÚPITER

MARTE

VENUS

TIERRA

MERCURIO

SOL

SATURNO

NEPTUNO

URANO

Es el segundo planeta
a partir del Sol.

A Venus le llaman el planeta gemelo de la Tierra,

VENUS

TiERRA

porque los dos planetas son casi del mismo tamaño.

Como la Tierra, Venus tiene montañas y valles.

Pero no tiene océanos.
¡No tiene nada de agua
en la superficie!

En Venus nunca llueve.

Pero a veces hay relámpagos
en el cielo.

La **atmósfera** de Venus está formada por gases **venenosos**.

La gente moriría si respirara ese aire.

Venus tiene más volcanes que cualquier otro planeta.

El volcán más alto se llama Maat Mons.

Tiene cinco millas (8 km) de altura.

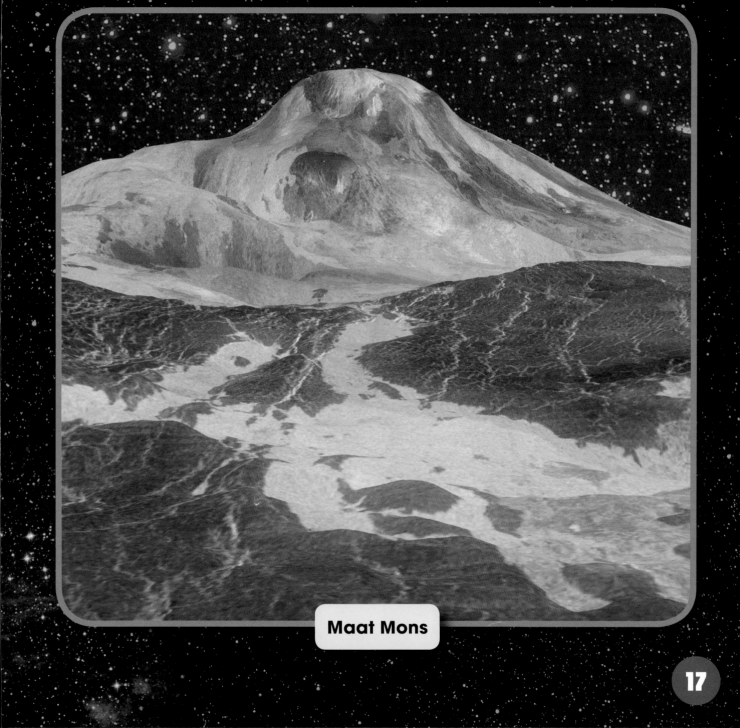

Maat Mons

Nadie ha visitado Venus.

Sin embargo, las naves espaciales han explorado el planeta.

Ellas enviaron información a la Tierra.

Una nave espacial

LUNA

VENUS

A veces, podemos ver a
Venus en el cielo nocturno.

Está tan cerca que no necesitamos telescopio para verlo.

El brillante planeta parece una estrella muy grande.

VENUS

VERSUS

LA TIERRA

VENUS		LA TIERRA
Segundo planeta a partir del Sol	POSICIÓN	Tercer planeta a partir del Sol
7,521 millas (12,104 km) de ancho	TAMAÑO	7,918 millas (12,743 km) de ancho
Cerca de 864°F (462°C)	TEMPERATURA PROMEDIO	59°F (15°C)
Cero	NÚMERO DE LUNAS	Una

GLOSARIO

atmósfera gases que rodean un planeta

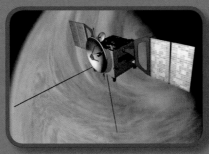

naves espaciales vehículos que pueden viajar en el espacio

sistema solar el Sol y todo lo que da vueltas alrededor de él, incluyendo los ocho planetas

telescopio instrumento que permite que los objetos lejanos se vean cerca y agrandados

venenoso capaz de matar o hacer daño a los seres vivos

volcanes montañas o colinas que tienen una abertura por la cual sale disparada roca líquida y caliente a la superficie de un planeta

ÍNDICE

LEE MÁS

Howard, Fran. *Venus (Planets).* Edina, MN: ABDO (2008).

Lawrence, Ellen. *Venus: The Hot and Toxic Planet (Zoom Into Space).* New York: Ruby Tuesday Books (2014).

APRENDE MÁS EN LÍNEA

Para aprender más sobre Venus, visita
www.bearportpublishing.com/OutOfThisWorld

ACERCA DE LA AUTORA

Dawn Bluemel Oldfield es una escritora. Le gusta leer, viajar y la jardinería. Ella y su esposo viven en Texas, donde a veces ven a Venus en el cielo nocturno.